SUPPLÉMENT AU DROIT SOCIAL

APRÈS LES DÉBATS SUR L'ARTICLE 7
ET LES DÉCRETS FERRY-GRÉVY

CAS DE CONSCIENCE

« Il est des cas, où la résistance est le plus saint des devoirs. »

« Conservateurs, vous êtes comme les doigts séparés de la main ouverte, impuissants à frapper :

Fermez; formez le poing, et vous êtes les maîtres. »

PARIS
IMPRIMERIE VICTOR GOUPY ET JOURDAN
RUE DE RENNES, 71.

1880

SUPPLÉMENT AU DROIT SOCIAL. (1)

APRÈS LES DÉBATS SUR L'ARTICLE 7 ET LES DÉCRETS FERRY-GRÉVY

CAS DE CONSCIENCE

Au point où en sont les choses maintenant, c'est le cas de signaler à l'opinion ce que la discussion parlementaire et les actes du pouvoir exécutif, suite et conséquence de cette discussion, fournissent d'instructif, relativement à la situation de l'esprit public en matière de Droit social; c'est le cas aussi de tirer quelques conclusions pratiques.

Disons-le tout de suite et sans ambages : la joute parlementaire, à laquelle nous venons d'assister, et les récents décrets du Pouvoir républicain qui gouverne la France, viennent de constituer une preuve nouvelle, une preuve aussi péremptoire qu'éclatante, du lamentable gâchis, dans lequel patauge l'opinion de la partie la plus influente de la nation, pour ce qui regarde les principes fondamentaux du Droit social.

Non, non : pareil fatras de faiblesses, d'inexactitudes, de contradictions, de misères même et d'insanités, n'aurait pu se déployer sous les voûtes du Luxembourg et dans la presse; pareils actes d'un Pouvoir républicain ne seraient point entrés

(1) *Le Droit social*: Défense du libéralisme et du mandat impératif au nom du syllabus. Deux volumes in-8°, prix 7 fr. par la poste (*franc* de port). S'adresser : soit à M. P. Brondel, Paris, rue d'Assas, 68; — soit à M. E. Andrès, à Walf, Basse-Alsace. L'ouvrage se vend aussi à la librairie Gervais (Douniol), rue de Tournon, à Paris.

dans la sphère des faits, si l'esprit public, non moins celui des classes dirigeantes, que celui des couches populaires, ne se trouvait quasi mortellement atteint d'égarement dans le domaine du Droit social.

Ah! si nos conservateurs contemporains, (nos conservateurs d'intention, mais réels destructeurs), ceux de la presse, ceux du parlement, ceux aussi de l'Église, pouvaient se décider à jeter au rebut les principes coupables et pernicieux, aussi faux doctrinalement que pratiquement chimériques, qui les divisent entre eux et les annulent; s'ils daignaient, ne fût-ce qu'eu égard à l'imminence du péril commun, sacrifier leur esprit de parti égoïstique et leurs immédiats intérêts de boutique, sur l'autel de la patrie, sur l'autel de Dieu et du Christ-Sauveur, et, se placer tous ensemble, et unis par ce moyen, (qui est impérieusement requis par la vérité et par la morale absolue, ainsi que par la morale de situation), sur le terrain du Droit social seul vrai, à savoir sur celui du libéralisme complet, de la Démocratie libre, pure et franche:

Que la controverse, alors, changerait vite d'aspect! Que nous deviendrions forts! Qu'il serait facile de faire baisser pavillon à nos flibustiers politiques, à nos effrontés pirates sociaux, qui, grâce à notre division, grâce au faux droit, qui les unit *eux*, et *nous* divise et paralyse, ne cessent de lancer, de droite et de gauche, le grappin d'abordage sur les libertés les plus essentielles des populations sociales, du *haut de l'État* odieusement *transformé* en frégate de corsaires!

Jetons un coup d'œil rapide sur les quatre idées qui ont fait le fond du célèbre débat, et qui constituent le motif déterminant des mesures, que vient de décréter et que prétend exécuter le Pouvoir actuel.

Ces quatre idées sont: l'association et l'enseignement; puis, l'unité d'esprit national et la théocratie (contre laquelle il est urgent, dit-on, de défendre l'esprit national, pour le maintenir uni dans la démocratie, à l'encontre de l'hostilité des catholiques).

Nous commencerons par l'association et l'enseignement, réservant les deux autres points pour les réflexions de la conclusion.

Nous envisagerons d'abord l'association et l'enseignement au point de vue du droit ; puis, nous déterminerons la question de l'association et celle de l'enseignement au point de vue de la loi.

Pour réfuter, radicalement et complètement, les adversaires des congrégations non autorisées, nous établirons : 1° que l'association et l'enseignement n'ont pas besoin de l'autorisation préalable, et ne peuvent être que restreints par la loi, par la loi *libérale* ; 2° que la loi, aujourd'hui en vigueur, laisse les associations ou congrégations et l'enseignement sous le régime de l'égalité dans la liberté.

1.

Pour venger l'association, (pour lui restituer son rang,) contre les attaques de nos modernes, qui prétendent la soumettre à l'autorisation préalable, il faut que nous remontions ou descendions jusqu'à la racine de la société policée et que nous analysions succinctement la théorie sociale, établie dans le premier volume.

L'association n'est qu'une face de la vie individuelle de la population : la vie individuelle est, soit isolée, soit associée. On conçoit aussi peu l'autorisation de la vie associée, que l'autorisation de la vie individuelle isolée. La vie individuelle, en sa totalité, précède l'autorisation, par la raison bien simple qu'elle précède la *société policée*.

Expliquons l'idée sociale policée plus longuement, afin de

faire voir quel rang revient à l'association, et combien il est absurde de prétendre la soumettre à l'autorisation préalable :

Chaque individu humain devrait, si cela se pouvait, demeurer complètement libre, c'est-à-dire, à sa propre disposition, relativement tant à sa vie isolée qu'à sa vie d'association. Ceci serait la liberté individuelle complète. — Le principe que nous venons de formuler est vrai, au point de vue simplement rationnel ou du bon sens ; il est tout aussi vrai, au point de vue religieux ou de la conscience ; car, ce serait la liberté religieuse de l'homme complète, sa liberté individuelle complète, au point de vue de sa religion ou *association* avec Dieu.

Le droit idéal suprême, ce serait donc l'anarchie : l'absence de société policée, de société à sanction force.

Mais, cette liberté individuelle complète, vu la situation de concurrence et de collision inévitable entre les vies individuelles, est impossible. Etant données la faiblesse intellectuelle et les convoitises insatiables des populations, l'anarchie ne manquerait point d'aboutir, pour la liberté individuelle, soit à un tourbillon de *désordre*, de perdition générale, soit à l'*ordre* esclavage, perdition non moins générale. — A la situation anarchie, il faut donc un remède : un remède qui prévienne le désordre ou l'ordre de perdition, qui résulterait de la concurrence et des inévitables collisions.

Ce remède, — ce peut être la société policée.

Si une société policée était là, qui réglementât, restreignît et défendît la vie individuelle en masse, de façon à ce que la masse la plus large possible de vie individuelle pût se déployer : cette société serait le remède.

Donc, si une société policée a droit à l'existence, c'est à la fin de restreindre et défendre les vies individuelles de telle façon, que la masse la plus grande possible de vie individuelle demeure libre. Ceci est, par conséquent, pour la société policée le droit à l'existence, le Droit *final*. Ce Droit *final*, la religion, la conscience religieuse fondamentale, le proclame tout aussi catégoriquement, et, d'une voix infiniment plus haute encore, que le bon sens. C'est le *Droit final social policé*, tant religieux que simplement rationnel.

D'où il suit, que la société policée n'est autre chose qu'un *instrument* au service du Droit final.

Voyons maintenant quel est le Droit *instrumental* :

De par le Droit final, n'a donc droit à l'existence que telle société qui porte en soi, en la nature même de sa constitution, les éléments qui la rendent apte à être l'instrument de la fin pour laquelle elle existe : n'a droit à l'existence que la société policée libérale, — à l'exclusion de la société policée absolutiste.

Comme « la liberté ne se donne pas, mais se prend » (recevoir la liberté, c'est être esclave) :

Il faut que la population, qui veut jouir de la liberté individuelle la plus large, se constitue elle-même société policée. Il faut que, souverain social vis-à-vis de l'Etat à établir, vis-à-vis du pouvoir (ce qui veut dire supérieure au pouvoir), elle constitue un personnel d'Etat, qui ne soit que son fonctionnaire ou son serviteur ; auquel elle imposera la gouverne-loi ; qu'elle appuiera de toutes ses forces et qu'elle contrôlera soigneusement.

Tel est le *Droit instrumental*. Ce droit est imposé par le bon sens : c'est le *Droit instrumental rationnel*. Il est aussi, avec la sanction la plus sévère et la plus sacrée, imposé par la conscience religieuse fondamentale : c'est le *Droit instrumental religieux*.

D'où il suit, que l'association n'est pas seulement antérieure à la société policée, à titre de vie individuelle, mais qu'elle est encore, que l'association *non autorisée* est, la condition *sine quâ non* d'existence de la société policée. De plus, il faut qu'une pareille association antérieure et supérieure à la société policée, se maintienne, sans quoi la société policée de Droit, la société libérale n'est point viable, ne saurait durer. (On n'aurait que la société policée de fait, la société absolutiste, celle où le Pouvoir est supérieur à la population ; où l'État et la loi émanent du Pouvoir; où le Pouvoir *octroie* des libertés: (l'autorisation).

Ces principes établis, n'est-il pas évident que les errements du Pouvoir actuel, au regard des congrégations non autorisées, sont grossièrement erronés?

Avec de pareils errements, en vérité, l'on pourrait venir exiger l'autorisation pour le fait «d'aller et de venir»; faire de l'acte d'aller et de venir, non autorisé, un délit! Appuyé sur ce joli Droit, on est allé jusqu'à proclamer très solennellement que les congrégations non autorisées sont, par le fait même de leur existence, un délit! On a osé cela dans la louable intention de stigmatiser en bloc nos maîtres de l'enseignement libre. Le professeur congréganiste a été représenté publiquement comme enseignant la rébellion par le fait même de sa présence dans la chaire!

Les rebelles!... c'est bien plutôt vous, champions de l'autorisation préalable.

Sans autorisation préalable, et pleinement *autorisé* par votre attitude, nous nous permettons de vous dire: par votre théorie officielle de l'autorisation préalable, vous vous êtes proclamés vous-mêmes (vous, les prétendus glorieux et passionnés défenseurs de la politique *moderne*), les fils directs et naturels, les partisans doctrinaux de la théorie absolutiste de l'Ancien Régime régalien et du Vieux régime révolutionnaire anti-libéral: terroriste et impérial....

N'essayez point de nier: la chose est trop manifeste. Si l'autorisation est, comme vous dites, «un principe de *votre* Droit public», vous vous êtes donc proclamés solidaires de l'Ancien Régime et du Vieux Régime anti-libéral.

Allez: vous êtes dignes de trouver un refuge sous le vieux bonnet du Roi «l'Etat c'est moi»; sous le bonnet rouge de la Terreur, ou encore, sous le chapeau usé de l'héritier du Corse!

Républicains officiels de 1880, vous n'êtes que les fils de la

Vieille; la Jeune République, celle qui a commencé en 1830, s'est déployée en 1848, et a eu l'air de ressusciter immortelle en 1870, vous renie: elle vous anathématise.

*
* *

De l'association, passons à l'enseignement:

L'auteur de la campagne contre les congrégations non-autorisées, c'est l'Etat absolutiste, nous venons de le prouver. Nous allons montrer maintenant que c'est aussi l'Etat *socialiste*.

L'auteur de la campagne, c'est manifestement l'Etat enseignant, l'Etat Université. Les congrégations contribuent à faire à l'Etat Université une concurrence gênante, ruineuse à son avis, par l'enseignement libre. Ce point est surabondamment prouvé, tant par les discours que par les actes, par les coups mortels portés aux universités libres....

Nous avons ici encore, dans la question de l'enseignement, porté la hache à la racine de l'arbre du mal, aussi bien dans la théorie du droit (1er volume), que dans la pratique du droit (2e volume). Nous avons établi que l'Etat n'a pas le droit d'enseigner; ceci pour la théorie. Nous avons prouvé, tout aussi péremptoirement, quant à la pratique, que c'est l'Etat Université qui a ruiné la France, pour autant qu'elle est ruinée.

Indiquons ici succinctement la substance de nos arguments autant que cela est nécessaire pour imprimer le stigmate de socialisme (despotisme socialiste) à l'Etat vieux libéral, appelé libéral moderne.

Le droit final, le droit à l'existence pour la société policée, c'est le salut de la plus grande somme possible de liberté individuelle de la population.

Voici, en conséquence, la *portée* et la *limite* de l'action, qui compète à l'Etat. « Restreindre chaque vie individuelle, sous le rapport et dans la mesure, où cette vie individuelle serait la perturbation de la vie individuelle en masse de la population.»

Ceci est exactement, et en droit rationnel et en droit religieux, la portée et la limite de l'action qui compète à la société policée.

Si la société policée, l'Etat, reste en deçà, c'est-à-dire, s'il ne restreint pas tout ce qu'il y a à restreindre, c'est, pour autant, l'anarchie; s'il va au delà, s'il exagère la restriction, c'est pour autant, la tyrannie.

Si l'état étend son action à d'autres objets qu'à la défense et restriction de la liberté individuelle: s'il se mêle de la formation et direction des personnes ou des choses: c'est, pour autant, l'Etat (despotique) *socialiste* (1).

Si l'Etat s'ingère dans le domaine de la religion, dans le domaine du travail, dans le domaine de la propriété, dans le domaine de la famille... c'est déjà du socialisme. S'il vient à s'emparer du domaine de la religion, de la propriété, du travail, de la famille... entièrement, ce sera le socialisme ou communisme total (2).

D'où il suit: que l'Etat enseignant, l'Etat Université, l'Etat docteur et instituteur, l'Etat à ministre grand maître de l'enseignement, ce ministre fût-il un prodige de science, voire un juriste de la force de M. Ferry, fût-il le saint *moderne* le mieux conditionné, soit clerc soit laïque, et l'Etat de ce ministre fût-il l'Etat papal, est une anomalie fondamentale, en Droit. Quant à l'Etat à monopole de l'enseignement, monopole soit brutal soit hypocrite, tel qu'on l'a eu et tel qu'on est en train

(1) Nous avons défini le socialisme. Ayant construit le vrai droit social, la théorie sociale régulière, il nous a été possible de définir et de réfuter le faux droit. Pour réfuter le faux droit, il fallait commencer par posséder la théorie du vrai Droit. Nous avons défini le socialisme: « l'individu existant de par et pour la société policée ». C'est exactement le renversement du Droit, de l'individualisme: la Société policée n'existe que « pour et de par l'individu ».

(2) Socialisme et communisme: c'est la même chose.

de le rétablir, c'est le socialisme dans toute sa monstruosité.

L'enseignement est la formation de l'âme de la population: l'Etat enseignant est donc socialiste. De plus, ce n'est pas seulement du socialisme en acte, c'est en puissance et en herbe, le socialisme total, attendu que c'est la formation d'une population socialiste. Il ne resterait plus à cet Etat que de s'emparer de la famille même (association *non autorisée*!) pour opérer aussi la formation corporelle des individus, et l'œuvre anti-sociale serait complète!!!

Et, qu'on ne se fasse pas illusion: que l'Etat socialiste soit le fait de la population ou qu'il soit le fait du pouvoir absolu, cela ne change rien aux choses. Dans le dernier cas, c'est le socialisme autoritaire; dans le premier, c'est le socialisme ochlarchique, libéral d'apparence. L'un vaut l'autre, l'un et l'autre est l'absorption de la personnalité humaine par l'Etat. Que ce soit l'unité ou la collectivité qui absorbe la population individuelle, cela est également immoral, destructif de l'homme individuel, du Droit et de la conscience.

(Est-ce à dire que l'Etat exactement conforme au Droit, l'Etat libéral, ne puisse pas avoir des écoles destinées à la formation définitive et technique d'une certaine partie de la population, à savoir: des fonctionnaires de l'armée, de l'administration?

Certes non: car cette formation est de sa compétence, comme aussi la *collation des grades* aux candidats fonctionnaires est de son ressort. Il peut donc avoir des écoles spéciales. Ces écoles conféreront lesdits grades: à moins que la population souveraine n'institue un jury d'examen pris en dehors des écoles spéciales.

Mais, ces écoles de fonctionnaires, ne les fréquentera que qui voudra jouir des avantages que la constitution aura attachés aux diverses fonctions publiques; et sera admis quiconque se présentera dans les conditions requises.)

(Est-ce à dire, encore, que l'université actuelle eût à disparaître au nom du Droit?

D'abord, l'université pourrait subsister comme institution d'enseignement libre: l'on concevrait même que l'Etat, si le souverain populaire le veut, lui donnât une subvention plus ou moins large. De plus, le personnel universitaire trouverait de l'emploi dans les écoles spéciales. En tout cas, le personnel non employé aurait droit à une compensation constituant l'équivalent des avantages de sa position actuelle.)

Telles sont les données du Droit, relativement à l'association et à l'enseignement.

REMARQUE I. — De ces données il résulte : que l'association et l'enseignement doivent être réglementés ou mieux restreints, comme tous les autres faits ou états de la vie individuelle de la population:

D'abord, dans l'intérêt de la vie individuelle en masse;

Ensuite, dans la mesure où l'existence et le fonctionnement de l'État (instrument de restriction et de défense de la vie individuelle), exige cette restriction.

Mais que jamais, l'autorisation ne peut être érigée en condition de l'existence soit de l'association, soit de tout autre fait ou état de la vie individuelle.

REMARQUE II. — Si des associations, en matière non proibée, se forment, qui réclament la sanction de la loi, ou encore, la personnalité civile : c'est à la loi d'y voir.

CONCLUSION. — Une loi est donc à sa place, une loi est requise, sur l'une et sur l'autre, une loi libérale, qui restreigne et prohibe, selon la règle libérale plus haut formulée.

2.

Voyons, à présent, où en sont l'association et l'enseignement, *devant la loi* aujourd'hui en vigueur.

La loi, le Droit historique ou réel, peut être conforme au Droit; elle peut aussi être en contradiction avec le Droit. La loi anarchique laisse la vie individuelle en masse en proie au loups et aux vautours. La loi tyrannique ou socialiste (despotique) fait de la société même l'ennemi de la population : elle est pour la liberté individuelle ce que le loup est pour le bercail ; le vautour, pour les colombes.

La loi mauvaise exigerait réforme ; elle pourrait toutefois être appliquée, en domaine historique.— Mais prétendre appliquer des lois contraires au Droit, devenues caduques en Droit historique même, c'est une des choses les plus odieuses, qui puissent s'imaginer.

Appliquons :

Nos modernes, nos purs, n'ont pas hésité à fouiller dans le panier poudreux de l'Ancien Régime régalien et du Vieux Régime anti-libéral et révolutionnaire de la vieille République terroriste et impériale, pour en tirer quelques loques destinées à voiler les nudités autocratiques de la République dégénérée, qu'ils substituent à la jeune République de 1830, de 1848, de 1870. Ils ont armé cette République dégénérée de la vieille ferraille de décrets arbitraires et de lois, qui s'étaient rouillés entre les mains mêmes des despotes qui les avaient fabriqués.

Ah ! que la possession du pouvoir doit donc être une tentation violente ! Qu'elle est facilement victorieuse, cette tentation, étant donnés les instincts autocratiques de l'homme !

La légalité, hélas ! elle aussi, en arrivera à être traitée un peu comme une guitare !

Car enfin, cette *légalité existante*, dans la matière de l'association et de l'enseignement, est d'une clarté écrasante, tellement écrasante et décisive, que l'on ne sait, en vérité, comment s'expliquer les errements de nos juristes officiels :

Il y a là, dans le domaine légal en pleine vigueur, deux documents qui ont toute la justesse et précision de l'emporte-pièce :

La Constitution de 1848 et la loi de 1850.

La Constitution de 1848, c'est-à-dire, le document fondateur du Jeune Régime, de la vraie République, de la République du Droit, déclare expressément l'association libre ; la loi de 1850 réglemente expressément *la liberté* de l'enseignement, laissant à tous les Français, soit isolés, soit associés, sans distinction aucune, et dans les mêmes conditions, la faculté d'enseigner, et cette loi se trouve avoir été appliquée ainsi depuis trente ans.

La Constitution de 1848 renversa, par elle-même, toutes dispositions contraires du passé ; et la loi de 1850, conséquence de cette Constitution, formule le Droit pratiquement.

(Si le second Empire, de fait, avait, contrairement au Droit, porté des décrets en sens inverse de ces deux documents, ces mesures seraient juridiquement nulles deux fois, et en Droit idéal et en Droit historique. Le second Empire a été, par son origine même, un attentat contre le Droit. Les formalités plébiscitaires de cette période : des jongleries indignes, incapables de fournir à ce Régime la base du Droit.) (1)

Au reste, par la présentation de l'article 7, les gouvernants actuels ont reconnu officiellement la situation légale, que nous venons de définir, relativement à l'association et à l'enseignement.

De plus, cette légalité a été, officiellement et en toutes formes, maintenue par le rejet dudit article 7.

(1) L'empire mettait les populations dans la situation que voici : « ou vous direz oui, ou je vous laisse choir dans l'abime ». Peut-on, après cela, parler de consentement libre? Un prétendant qui aurait obtenu le consentement de sa future en la tenant suspendue sur l'abime, — pourrait-il passer pour légitimement marié?

Nous le demandons, en conséquence, serait-il possible d'exiger une situation historiquement juridique ou légale, plus claire, plus certaine, plus décisive ?

Ah ! paladins officiels de la politique moderne, de la politique libérale et de la république idéale :

Si les dispositions légales, dont vous n'avez pas craint de vous armer, avaient encore eu quelque apparence de valeur juridique, vous auriez dû, en toute hâte, en proposer l'abrogation, en haine de l'odieux ancien régime régalien, en haine aussi du plus détestable encore Vieux Régime Républicain terroriste et impérial.

Voilà qui eût été digne d'hommes de la Liberté et du Droit.

Mais non, vous aimez mieux mériter (voir la lettre du fameux prince Jérôme au ministre;) les bravos goguenards et intéressés d'un Bonaparte de rebut.

Voyez, déjà la furie vengeresse vous a saisis par un bout de l'oreille.

Le César déclassé, débarrassant son chef des lauriers de ses victoires, présentement déjà essaie, en secret, le petit chapeau : Allez donc ; hâtez-vous de vous atteler à son char....

Maintenant : comment s'expliquer les agissements actuels de la République du jour, de la Nouvelle République, de la Jeune République, dégénérée; de cette Nouvelle, Jeune République, qui paraissait destinée, dans les desseins de la Providence, à tuer la Révolution, (que la Vieille République, la fille néfaste de l'ancien régime, et la tout aussi néfaste mère du Vieux Régime terroriste impérial avait enfantée,) et à ramener la France à l'ordre régulier, au vrai droit social ? (1)

(1) Soit adynastique ou à pouvoir non héréditaire, soit dynastique, par l'hérédité libérale du pouvoir. — La royauté héréditaire peut être parfaitement libérale : qui empêche la population, si elle le juge à propos, d'avoir, de par la souveraineté populaire, pour fonctionnaire suprême, un chef héréditaire ?

Dans les circonstances présentes, le dynastisme est matériellement chose impossible.

Nous répétons la question : comment s'expliquer la déviation lamentable de cette Jeune République, qui, dès sa première apparition, (1830, la meilleure des Républiques, comme on disait, qui *restaura* rudimentairement la République, en abolissant la Restauration monarchiste, inconséquente et fausse à tous les titres) proclama la liberté de l'enseignement ; s'est déployée en 1848, où elle a proclamé la liberté d'association, et en 1850, a organisé la liberté de l'enseignement primaire et secondaire ; puis, dans la période de 1870, avait voulu achever l'œuvre, sous le rapport tant de l'association que de l'enseignement ?

Nous nous permettons, car la chose est indispensable, dans les observations qui vont suivre, et qui ont pour objet les deux derniers points annoncés au commencement, de faire réponse à cette question. Nous y irons large la main et le cœur, quelque odieux que cela puisse paraître de vouloir faire la leçon et aux Républicains effarés, plus effarés encore que haineux, et aux prétendus conservateurs, (à une part de catholiques et de cléricaux,) dont les errements sont, en réalité, sous plus d'un rapport, dignes de réprobation.

Si le gouvernement avait voulu être sincère, il aurait franchement déclaré que, ce que l'on voulait, c'était *interdire* les catholiques en vertu du fameux principe décoré du nom de raison d'État.

Il est évident qu'on regarde le catholicisme comme l'ennemi de la République.

On ne crie plus aujourd'hui « Ecrasons l'infâme » ou « Il faut étouffer le catholicisme dans la boue », comme du temps de Voltaire et de Quinet ; on se contente de proclamer que « le catholicisme, le cléricalisme, est l'ennemi ». Et, dans la Presse, à la Chambre et au Sénat, on lui lance la boue à pleines mains dans la face, avec le mot d'ordre en réserve : « Fusillez-moi ces gens-là ».

Le ministère, il faut l'avouer, a, lors des débats parlementaires, assez ouvertement laissé percer le but de toute la manœuvre. Il a proclamé la nécessité de défendre la politique moderne (sous-entendu le droit) contre l'hostilité des catholiques : d'abord au nom de l'unité de l'esprit national; ensuite au nom du libéralisme menacé par la théocratie.

Ces deux griefs constituent précisément la matière des deux dernières observations, objet de cet écrit.

3.

Voyons, en premier lieu, si le catholicisme est réellement le destructeur de l'unité d'esprit national.

C'est une accusation des plus graves, ceci; et la doctrine coupable de ce fait est digne de toutes les réprobations. Car, sans unité d'esprit, une nation est en pleine voie de décadence et de dissolution.

L'unité d'esprit national doit être envisagée sous deux rapports : sous le rapport de la loi, et sous le rapport du personnel d'Etat. Si la population se trouve d'accord sur la loi, c'est-à-dire, sur les principes conformément auxquels cette population entend vivre à l'abri de la perturbation sociale, et qui sont à couvrir et à protéger par la loi : l'unité d'esprit national fondamentale existe. Pour faire la loi et pour l'appliquer, il n'y aura qu'à mettre en place le personnel législatif et exécutif le mieux doué : celui qui sera la quintessence la plus exacte possible de la population.

Ces principes posés, n'est-il pas évident que le catholicisme est l'unité d'esprit national la plus parfaite ? Les principes selon lesquels les catholiques veulent pouvoir vivre, sont bien déterminés et bien connus. Quant au personnel d'Etat, la conscience religieuse impose à la population le devoir strict et rigoureux, au nom de tous les intérêts tant éternels que temporels, de mettre en place le personnel le meilleur possible, et le meilleur personnel possible (c'est-à-dire, celui, parmi les meilleurs, sur lequel l'accord général est possible); comme aussi d'appuyer et de contrôler ce personnel: en un mot d'exercer la souveraineté sociale policée.

D'où il résulte qu'une population chrétienne-catholique est, par excellence, la population de l'unité d'esprit national.

(Ce point se trouve établi explicitement et méthodiquement dans le 2e volume du Droit social. C'est même le fond de la thèse de l'ouvrage. Il est encore prouvé là que l'esprit national chrétien-catholique est, considéré dans sa teneur, l'esprit social le plus parfait.

Là aussi, se trouve établi qu'en dehors du catholicisme, en dehors de la conscience populaire chrétienne-catholique, l'unité d'esprit national social est chose littéralement impossible, attendu que:

Si, en catholicisme, il y a l'unité dans l'affirmation, l'unité qui maintient uni;

En dehors du catholicisme, il n'y a que l'unité dans la négation, c'est-à-dire l'unité qui peut bien unir un instant, pour ruiner et exploiter, mais qui, l'œuvre de brigandage épuisée, ne saurait laisser comme résidu qu'un esprit national radicalement divisé, et quant au personnel, et quant à la loi; ce qui fait une unité d'esprit national, menant inévitablement à la dissolution, et à l'absorption du pays, soit par les scélérats à l'intérieur, soit par quelque brigand de l'extérieur ou conquérant (1).)

Cas de conscience:

Nous ne saurions en disconvenir : sous le rapport de l'unité d'esprit national, les catholiques français contemporains sont gravement en défaut, oui... déplorablement coupables.

En ce qui regarde la loi (et le personnel d'Etat abstractivement

(1) L'auteur a eu soin de faire remettre l'écrit, qui prouve cette thèse, à l'illustre penseur Ferry et à ses consorts de la Chambre et du Sénat. Pourquoi n'y regarderaient-ils pas un peu, eux qui ont fureté, avec tant de bonne volonté, tous les coins et recoins de la casuistique?

Ici aussi il y a un *casus*, et un *casus* très grave.

pris), il y a des légions de *catholiques libéraux*-modernes (1), c'est-à-dire de catholiques, faibles soit d'intelligence soit de cœur (soit l'un et l'autre), qui n'osent pas franchement garantir la liberté individuelle chrétienne-catholique, par la loi et l'Etat conformes au Droit. Ah! que n'ont-ils, en fait de courage civique et de décision, comme souverain social policé, la moitié de ce que certains de nos adversaires ont de surabondant, en fait de cynisme anti-libéral.

Sous le rapport du personnel d'Etat, pris au concret, ils sont grossièrement prévaricateurs. — La conscience, de toutes ses énergies, et avec toutes ses sanctions, exige que la population s'accorde sur le personnel, le meilleur possible dans des circonstances données. Or, que font nos fameux conservateurs? Ils sont hommes de parti, *avant tout* : les uns, légitimistes; d'autres, orléanistes; d'autres, impérialistes; républicains libéraux, *en petit nombre seulement.*

Quand pourtant, c'est chose patente qu'il n'y a d'union possible, dans la crise contemporaine d'irrémédiable division dynastiste, qu'en dehors du dynastisme, que dans l'accord des conservateurs sur le terrain de la *République libérale*, régime parfaitement conforme au Droit; et que, quiconque ne s'y rallie pas, commet ainsi le crime anti-social le mieux caractérisé!

Quand les prétendants en disponibilité divisent l'unité nationale, (quand, par leur prétention simultanée, ils sont eux la cause du morcellement de l'esprit national), est-il étonnant que les gueux entrent de plus en plus en activité? Mais cela est chose forcée, inévitable : comme aussi la ruine et du pays et des particuliers, la ruine de tous les intérêts divins et humains, est la conséquence de ce fait, criminel au plus haut degré.

Le salut serait là, sous la main, si tous les conservateurs s'unissaient sur le seul terrain neutre possible, sur le seul terrain accessible à tout le monde : sur celui de la *République libérale*, de la Jeune République de 1830, de 1848 et 50, de 1870, seule capable de tuer la Révolution des Radicaux, tant des opportunistes que des intransigeants.

« ET VOILA LE CAS DE CONSCIENCE CONTEMPORAIN! »

(1) Nous avons défini ce que c'est qu'un *catholique libéral* moderne, dans le premier volume.

Ah! presse conservatrice, ah! clergé, ah! universités: ah! opinion conservatrice et catholique tout entière, — quand seras-tu à la hauteur de ton devoir?

Quand se mettra-t-on à l'œuvre, pour intimer aux populations ce cas de conscience si clair et si pressant?

. . . .

Que la nation, par suite du crime que commettent nos frères ennemis, nos dynastistes rivaux en compétition; que l'opinion, indignée de ce que l'on appelle la spéculation, l'immorale spéculation égoïstique (chaque parti comptant triompher au moment de l'effondrement, suite de l'effarement public et des attentats qui se préparent), se rapproche de plus en plus de la République même anti-libérale, pour éviter une catastrophe à perte de vue,... ceci est très concevable (1).

Ah! conservateurs, ah! catholiques, quand vous déciderez-vous à devenir des *Républicains libéraux*? Quand vous déciderez-vous, Ligue de noble, héroïque et indispensable opportunisme, à sauver la France; et avec la France, et vous mêmes et... vos adversaires aussi aveugles que vous?

4.

Reste à examiner le reproche de théocratie et d'inimitié vis-à-vis de ce que la société moderne renferme de libéral, fait au catholicisme.

(1) Nos républicains, ennemis systématiques du catholicisme, n'ont pas le droit de tirer gloire de ces reproches faits aux *conservateurs* (?!). En fait d'égoïsme et de spéculation, en fait de crime antisocial, la paille dans l'œil de nos dynastistes est certainement une poutre dans leur propre œil. Ne sont-ce pas nos faux opportunistes, qui font tout leur possible, de concert avec les intransigeants, pour rendre la république *nécessaire* impossible; pour en fermer irrévocablement l'accès aux dynastistes et les en dégoûter définitivement, tellement ils s'appliquent à la rendre anti-libérale? — C'est le faux opportunisme des Radicaux qui empêche les conservateurs, pour une grand part, de constituer l'opportunisme du salut. Que répondre à ceux qui prétendent que les Radicaux sont bien aises d'avoir toujours davantage à épurer *le personnel*?

Quand il est question de dispositions d'amitié ou d'inimitié envers le libéralisme, il faut distinguer entre le catholicisme et certains catholiques. Car, il y a des catholiques arriérés, égarés, partisans de l'absolutisme et, au fond, du prétendu droit divin, partisans donc (non seulement de la royauté héréditaire, système qui peut être très libéral, et quant à la possession et transmission, et quant à l'exercice du pouvoir, et qui aussi, dans d'autres circonstances que celle de division dynastiste irrémédiable où nous nous trouvons enfermés, peut être un principe excellent (aussi libéral que conservateur), mais du monarchisme autoritaire ; au moins quant à la possession du pouvoir. Ces catholiques, doctrinalement parlant, ne sont point catholiques : ce sont des sectaires.

Le vrai catholicisme, et avec lui les catholiques doctrinalement purs, est si peu hostile au logique, exact et réel libéralisme *social*, que le libéralisme le plus rigoureux, le système du mandat impératif, est, nonpas seulement un opinion permise, mais le dogme social obligatoire, — la morale sociale fondamentale de toute conscience chrétienne-catholique éclairée. — Entre le catholicisme et la démocratie sociale, il y a identité.

Non, non : l'ennemi du libéralisme, du droit logique, de l'exacte démocratie, ce n'est pas le catholicisme, mais bien, à côté des sectaires de droite, à côté des monarchistes que le catholicisme répudie, — les sectaires de gauche, c'est-à-dire, ceux-là mêmes qui accusent le catholicisme : vous-mêmes, vous, modernistes anti-libéraux, fils de 93, fils de la Vieille République terroriste impériale (fille elle-même de l'Ancien Régime) ; vous, les sectateurs de ce système de démocratie bâtarde, faussée, négation *doctrinale* multiple du droit logique (voir le 1er volume) : de ce libéralisme moderne, qui ressemble à l'exact libéralisme social, à peu près comme le singe, cette hideuse caricature à âme de singe, ressemble à l'homme (1).

(1) Ce n'est pas Droit de l'homme, mais Droit du singe, qu'il faudrait appeler votre Droit social.

Le catholicisme, lui, est deux fois, à double titre, l'ami du libéralisme exact et entier : d'abord, parce qu'il est lui-même la doctrine de la démocratie sociale policée la plus exacte; ensuite et précisément, parce qu'il est l'adversaire déclaré, l'ennemi implacable, de la démocratie *tronquée* appelée libéralisme moderne.

Un mot plus explicite, maintenant, sur la théocratie :

Qu'il y ait encore des catholiques, partisans de la théocratie, — cela est fâcheux, et pour eux, qui sont dans l'erreur, et pour nous, catholiques véritables, catholiques *anthropocrates*.

Mais le catholique éclairé, le catholique *avant tout*, ne peut pas être théocrate ; le vrai et réel catholicisme ne peut pas être accusé de théocratisme.

La religion chrétienne-catholique est essentiellement anthropocratique. C'est même, de toutes les religions des peuples civilisés, la seule anthropocratique. Ce point est établi très explicitement dans le Droit social (1er volume). Là, se se trouve renversé le théocratisme *providentiel* philosophico-mystique de J. de Maistre ; le théocratisme prétendument chrétien-biblique ; le prétendu théocratisme pontifical.

Le traité, qui établit méthodiquement, au nom du catholicisme, au nom du syllabus, l'anthropocratie, a été mis entre les mains d'une partie des notabilités de l'opinion, avant les discussions du Sénat.....

Mais, a-t-on dit (ici aussi, il paraît qu'ils ont cru trouver une fissure, comme dans la législation objet de l'article 7) : si ce n'est pas la théocratie directe, c'est, au moins, la théocratie indirecte. Ils se sont armés d'un certain mémorandum élaboré par un des membres du ministère *des honnêtes gens*, pour prétendre que :

« L'Église infaillible pouvant rendre des décisions et pro« mulguer des lois, obligeant la conscience des fidèles indé« pendamment de toute confirmation de l'autorité poli-

« tique » ; et « les canons attribuant à l'Église un pouvoir « complet, à la fois législatif, judiciaire et coercitif, applica- « bles au for extérieur aussi bien qu'au for intérieur, pou- « voir dont il serait même permis à l'Église d'assurer l'exécu- « tion par des peines matérielles, et auquel les princes et les « gouvernements chrétiens seraient tenus de prêter leur con- « concours, en châtiant tous ceux qui essaieraient de s'y « soustraire » : il « est évident que, si de tels principes « étaient appliqués, les gouvernements ne conserveraient « plus de puissance et les sociétés civiles, de liberté, que la « puissance et la liberté, qu'il conviendrait à l'Eglise de leur « laisser ».

Le voilà donc, le voilà, dans une forme officielle, et officiellement proclamé, par le grand-maître de l'esprit public français, le reproche d'attentat au Droit social adressé à l'Église, adressé au catholicisme. Nous avons été heureux de voir le *ministère de l'autorisation* brandir cette arme en plein Sénat, pour achever la victoire, — pour obtenir l'interdiction légale de l'enseignement catholique, flétri au nom du Droit; le *bannissement* et la *mort* du catholicisme, coupable de théocratie, a dit le ministre, — coupable d'attentat à la puissance et à la liberté de la société civile, a encore dit le ministre, par la bouche du mémorandum.

Les impertinents !

Ah ! de vrai, en présence de pareilles énormités, on serait tenté de s'écrier : Qu'ils méritent donc les étrivières, nos juristes officiels !...

Mais non : car leur plus grand tort, c'est qu'ils ne savent pas : c'est, qu'ils ne connaissent, hélas ! ni le catholicisme, ni le droit (1).

(1) Ceci est, du reste, un tort qui leur est commun avec la littérature du Droit en masse, — avec les publicistes démocrates quasi-religieux eux-mêmes. Lisez-les, et partout vous entendrez le cri : droit public catholique, transforme-toi, ou le catholicisme périra. Il est vrai qu'ils ajoutent nous périrons, socialement, avec le catholicisme; car, ils sentent bien

Passons en revue les reproches : théocratie, anéantissement de la puissance et de la liberté de la société civile :

Si nos savants savaient pertinemment, et si l'esprit public savait ce que c'est que la théocratie, aurait-on osé lancer contre le catholicisme l'accusation de théocratie ?

La théocratie est le système où c'est Dieu (soit par lui-même, soit par des fondés de pouvoir antérieurs à la population), qui fait la constitution et désigne le personnel d'Etat ; en d'autres termes, où c'est Dieu qui fait l'Etat et la loi de la société civile. Or, le Dieu des chrétiens, ou son Eglise, font-ils cela ?....

Disent-ils aux chrétiens-catholiques : Vous aurez telle constitution ? Vous aurez un chef du Pouvoir unipersonnel, ou un chef multipersonnel ? — Vous aurez une Chambre ? ou, vous aurez deux Chambres ? — Votre chef du personnel d'Etat sera désigné par l'hérédité : vous serez dynastistes ; ou bien, vous serez adynastistes (républicains) ?

Désigne-t-il le personnel du Pouvoir au concret ? Telle ou telle famille, tel ou tel individu ?

Fait-il à la société policée ses lois ?

Mais aucunement ; mais rien de tout cela !

Tout cela, Constitution, personnel d'Etat, loi civile, reste à la disposition du mandat impératif de la population sociale.

En christianisme catholique, l'*anthropocratie est le Droit.*

Sans doute le bon sens qui s'impose lui-même à la population catholique, comme à toute autre population raisonnable, impose alors à cette population d'avoir une société policée

la grande vérité que nous avons, nous, méthodiquement prouvée, dans le Droit social : que, dans le catholicisme seul, il y a vie ; qu'avec une population catholique seulement, il y a possibilité de réaliser le Droit libéral.

Le catholicisme, Messieurs, n'a point à se transformer : il n'a qu'à être connu et pratiqué, tel qu'il est en réalité. Ce qu'il y a à transformer, c'est l'ignorance, tant en fait de catholicisme, qu'en fait de droit, et cela, et chez les catholiques et chez vous. De plus, la lâcheté, qu'il y aurait à transformer en courage civique et en virilité. — Que les catholiques commencent par devenir dignes d'eux-mêmes : le reste suivra.

instrument de garantie de sa liberté individuelle la plus large possible ; lui impose aussi de choisir la constitution la plus apte possible et le personnel le meilleur possible ; lui impose, en outre, la loi restrictive de la vie individuelle dissidente, dans la mesure où la restriction est indispensable ; lui impose, en particulier, de protéger par la loi l'intégrité la plus grande possible de la vie religieuse chrétienne-catholique (d'autant plus que cette population sait très bien que de la vie religieuse dépend le bonheur, le bon ordre, de sa vie tout entière, — plus particulièrement, le succès de la parfaite vie sociale : point que nous avons méthodiquement prouvé dans le Droit social, 2e volume) :

Et, la conscience religieuse fondamentale, cette même conscience en vertu de laquelle nous sommes chrétiens-catholiques, appuie de sa voix la plus haute, ces prescriptions du bon sens ;

L'Eglise ensuite, sanctionne positivement cette voix du bon sens et de la conscience (l'Eglise fait cela tout particulièrement, et pratiquement, précisément par l'acte que lui reprochent le mémorandum et le ministre prétendu libéral, à savoir : en ce qu'elle prescrit la sanction civile de certaines de ses lois ecclésiastiques, dans l'intérêt de ses sociétaires à elle).

Mais, — si ceci est de la théocratie, si ceci est à bannir au nom du Droit, soyez conséquents alors, oui soyez conséquents, et appliquez (oui, vous êtes obligés d'appliquer) l'ostracisme au bon sens tout d'abord, au bon sens, au Droit logique et rationnel, dont la conscience et l'Eglise ne sont que les auxiliaires :

Décrétez alors, avec le concours des Bertistes et des Ferrystes des deux Chambres : l'*idioto*-cratie *a*théocratique *obligatoire* (1).

Si l'accusation de théocratie est réellement et fondamentalement ridicule, le reproche d'attentat à la puissance et à la

(1) Cette mesure sera le digne prélude de l'instruction irréligieuse obligatoire.

liberté de la société civile est heureusement tout aussi peu fondé.

De ce que l'Eglise demande à la puissance civile de munir de sa sanction-force certaines de ses lois *ecclésiastiques*, dans l'intérêt de la masse de ses sociétaires à elle, tant vis-à-vis des non-croyants, que vis-à-vis de ses sociétaires défaillants eux-mêmes, il ne suit aucunement que la puissance et la liberté de la société civile aient à subir un préjudice quelconque. Nous pensons, au contraire, que la puissance et la liberté civiles trouvent à cela leur bon compte.

Voyons: le fait que le Pouvoir exécutif sanctionne, outre les lois civiles, certaines lois ecclésiastiques, n'est-ce pas évidemment, pour le Pouvoir civil, une extension d'action? Ceci est si vrai que l'Eglise, par le Droit canonique, a soin de fixer la limite de cette intervention du Pouvoir: « *Ad nutum et patientiam sacerdotis* », dit la bulle « *unam sanctam* »: il faut « la réquisition et l'approbation du sacerdoce ».

Si quelque autre société extra-policée, financière ou autre, demande et obtient la sanction de l'Etat, — la puissance ou la liberté de la société civile perd-elle à cela? — Eh bien: pour l'Eglise, le cas est le même.

Mais, dira-t-on, le cas est différent: l'Eglise impose cela à la puissance civile.

Elle l'impose?....

Comment l'impose-t-elle? Serait-ce, par hasard, par la force?....

Nous allons vous dire comment et par qui cela est imposé:

Ou bien le mandat impératif de la population accepte la demande de l'Eglise, en fait son affaire propre, ou il s'y refuse. S'il refuse, l'Eglise est tout simplement déboutée. Si, au contraire, le mandat impératif accepte: c'est lui qui, après avoir *librement* accueilli la réquisition de l'Eglise, *l'impose* alors, oui, *l'impose*, à l'Etat. L'Eglise, elle, n'impose donc rien du tout à la puissance civile.

Que la puissance civile veuille bien ne pas oublier qu'elle n'est que la servante du mandat impératif; et qu'on laisse à celui-ci la faculté d'adopter telles lois qu'il lui plait, et d'*imposer* à l'Etat la gouverne qu'il juge à propos.

Il est bien clair que, dans ces conditions, si la puissance de la société civile a l'air de perdre quelque chose, ce n'est certes pas aux dépens de la liberté de la société civile.

En somme, messieurs *du Libéralisme*, remettez-vous en ceci comme en tout le reste, au mandat impératif : c'est lui l'intéressé; et, il ne peut pas, décemment, être supposé mineur, en libéralisme.

L'intervention de l'Eglise en société policée, et sur ce point et sur tous les autres, est, pour qui sait sincèrement aller au fond des choses, toute démocratique. Elle repose sur la base démocratique la plus profonde : elle est essentiellement *plébiscitaire*. Sans la conscience populaire, *sans la souveraineté effective* de la conscience populaire, cette intervention serait une chimère.

L'Eglise est bien éloignée de vouloir affaiblir la puissance civile. Comme le Droit social et avec lui, l'Eglise veut, au contraire, un pouvoir civil muni de toute la force et puissance nécessaires. — Ce qui est vrai, c'est que l'Eglise, comme le Droit et avec le Droit, veut et exige que l'Etat s'astreigne mais se restreigne aussi à l'exécution de la gouverne que lui impose le souverain social, — la conscience populaire. Et, par là même, l'Eglise a toujours été et sera toujours l'auxiliaire vivant et organisé du Droit : de la *liberté sociale* des populations.

Ce qu'elle affaiblit, avec le droit et comme le droit, c'est la *liberté, l'arbitraire de la société civile* considérée comme Pouvoir.

Que celui-ci, à cet égard, poussé par l'instinct autocratique inné de l'homme, émette des plaintes et jette des cris plus ou moins *touchants* : cela est concevable.

Mais, nous lui conseillons d'aller fatiguer de ces plaintes

les plages désertes et les rochers solitaires des régions de l'Ancien Régime régalien et du Vieux Régime républicain terroriste impérial. Avoir osé les articuler à la tribune démocratique, c'est une anachronisme dont rira un jour, bien franchement, la postérité libérale ; tout comme elle rira du *mémorable* ministère anti-vatican des *honnêtes gens ;* et du *ministère de l'autorisation*, car l'histoire en gardera *mémoire*, pour le traîner dans une région toute voisine de la voie triomphale.

Pour finir, nous allons commettre nous-même, un fait qui celui-ci certes, ne sera pas un anachronisme. Nous allons dévoiler un grief, que les auteurs du mémorandum et leur compaings du jour ont oublié de remémorer, mais qu'ils ont très certainement eu en mémoire ou mieux dans le cœur. Nous allons dévoiler le fin fond des griefs de la démocratie libérale moderne (de la démocratie d'absolutisme, d'arbitraire anti-catholique), contre le catholicisme :

Ce grief consiste en ceci :

Que la population chrétienne, le mandat impératif des populations chrétiennes, le souverain social chrétien-catholique, imposerait à l'Etat sa gouverne ; c'est-à-dire la gouverne-loi, qu'il est allé prendre dans sa religion chrétienne-catholique, dans sa conscience, dans sa religion et dans son Eglise...

Le mandat impératif, aller prendre ses inspirations dans la conscience, dans la religion, auprès de l'Eglise !... C'est donc chose illicite ceci, en Droit, c'est donc un crime?

Voyons ; examinons :

Il nous semble, ou disons plutôt tout de suite, puisque la chose est absolument certaine : il est évident que le mandat impératif, le membre social possesseur du mandat impératif, a dû aller prendre ses inspirations, ses principes, les principes qui sont pour lui la loi de son bonheur, quelque part et auprès de quelqu'un ; ou bien il faudrait qu'il fût tombé tout d'une pièce du ciel.

Si l'individu social est allé puiser ses convictions, les règles et les principes qu'il imposera à l'Etat comme gouverne, dans une doctrine, philosophie ou religion ou science quelconque, ou encore auprès d'une école doctrinale, philosophique, scientifique, religieuse quelconque: qui-est-ce qui pourrait, avec la moindre apparence de fondement, avoir à redire à cela ?

Eh bien ! c'est tout juste ceci, relativement à la gouverne du mandat impératif du citoyen chrétien-catholique. Sa philosophie, sa religion à lui, c'est le christianisme; son école philosophique ou religieuse, c'est l'Église.

La religion christianisme ne force aucunement l'individu social, l'individu destiné à exercer la souveraineté policée : elle s'offre à lui, munie de ses moyens de conviction. Si l'individu l'adopte comme règle de sa vie et de son bonheur, c'est qu'il le veut ainsi; et s'il persévère dans sa conviction et dans sa fidélité, pour toutes les sphères de la vie, c'est qu'il le veut.

L'Eglise s'offre au chrétien comme directrice de sa vie religieuse, en humble servante et mère dévouée des serviteurs et des enfants de Dieu. Si l'individu social accepte sa direction et ses soins maternels, c'est qu'il le veut; comme encore il ne persévère dans sa fidélité que parce qu'il le veut. L'Eglise, en suite de cette volonté de son enfant, exercera sur sa vie sociale, les fonctions de juge, (dans la vie familiale, dans la vie nationale, dans la vie internationale,) et le dispense ainsi d'avoir pour juge l'institution-force, l'Etat. Par là, elle élève et maintient la vie sociale des chrétiens-catholiques dans la sphère du libéralisme le plus parfait: le père reste maître de l'Etat, qui n'a pas à se mêler des causes matrimoniales proprement dites, mais se contentera de sanctionner, sous ce rapport aussi, les décisions du souverain; la population, souverain et sujet, a un juge entre elle et le Pouvoir, relativement à la légitimité d'existence et d'exercice de ce Pouvoir; les nations ont un juge international; leur juge, l'arbitre entre elles, c'est le Pape, le Magistrat vicaire du Christ que les populations vénèrent comme leur Père.

Tout ce régime est, il nous semble, bien plus honorable que si la famille dépendait de l'Etat; que si les populations, comme nations, restaient sans juge entre elles et le Pouvoir, ou dépendaient de quelque tribunal suprême, ou haute cour, aussi laïque que l'on voudra, ce tribunal fût-il présidé par quelque Crémieux ou autre Juif, voire par un Jules quelconque fût-ce un Favre; que si les causes entre nations dépendaient de quelque tribunal diplomatique ou amphictyonique à la Henri IV, où le plus fort nécessairement dicterait la sentence définitive (1).

Dès que la force intervient (le Pouvoir), autrement que pour *défendre* la vie individuelle, le libéralisme disparaît.

Il en est de même relativement à la question du mandat impératif: le pire serait que le mandat impératif en fût réduit à prendre ses inspirations auprès de l'Etat. Ceci serait évidemment, de toutes les théories libérales, la plus misérable; ce serait le libéralisme renversé:

En libéralisme, c'est le souverain qui dicte la gouverne à l'Etat; ici, ce serait l'Etat qui formulerait la gouverne au souverain. On aurait donc:

En place de la démocratie réelle, un odieux simulacre de démocratie, avec le despotisme le plus réel (2) le plus effréné.

Eh bien! ce petit tableau anti-libéral que nous venons d'opposer à celui du mandat chrétien-catholique, ce n'est pas une imagination:

C'est là qu'en veulent venir, c'est là l'idéal que poursuivent nos théoriciens libéraux-modernes; c'est l'idéal des Vieux contemporains (lisez la théorie, dans le rapport de M. Barthélemy Saint-Hilaire, sur la question de l'article 7); ç'a été l'idéal des Vieux en Bonapartisme, des Vieux sous la République de Robespierre et de Danton, l'idéal enfin du père du libéralisme-moderne, à savoir du patriarche Rousseau.

Jean-Jacques, le père à eux tous, à nos théoriciens de la formation et instruction de l'homme par l'Etat, le Vieux de la

(1) Séparation du pouvoir exécutif et du pouvoir judiciaire : le constitutionnalisme doctrinaire a senti au moins cette vérité.

(2) Il ne manquerait plus alors que la candidature officielle.

Montagne moderne a nettemennt formulé le système, sous le nom de religion civile obligatoire, dans le chapitre-conclusion de son Contrat social. Voici le passage :

« Il importe bien à l'Etat que chaque citoyen ait une reli-« gion, qui lui fasse aimer ses devoirs...

« Il y donc une profession de foi *purement* civile, dont il ap-« partient au souverain de fixer les articles, non pas précisé-« ment comme dogmes de religion, mais comme sentiments « de sociabilité sans lesquels il est impossible d'être bon ci-« toyen ou sujet fidèle ».

N'est-il pas vrai que voilà formellement la théorie de la gouverne sociale venant de l'Etat ?

Rousseau est allé plus loin. Il a senti très vivement l'impuissance de l'Etat à engendrer des convictions : l'Institution-force (1) est par nature incapable de produire des convictions. Qu'a-t-il fait pour remédier à ce défaut essentiel de son système ? Il a imposé cette gouverne de par la force. Ecoutez :

« Sans pouvoir obliger personne à les croire (quelle conces-« sion généreuse ! c'est la liberté de conscience !), il peut *bannir* de l'Etat quiconque n'y croit pas.

« Que si quelqu'un, après avoir reconnu publiquement « ces mêmes dogmes (à present, ce sont pourtant des dogmes !), « se conduit comme ne les croyant pas, qu'il soit *puni de mort*. »

Voilà !

Et avec maîtres Jacques et Barthélemy sont d'accord tous les comparses présents et passés de la théorie révolutionnaire, — les partisans du Vieux Régime-terroriste impérial, ennemi essentiel aussi bien du libéralisme que du catholicisme.

***

Cela étant :

Le droit étant, ce que nous avons établi :

L'association et l'enseignement étant, de droit, au-dessus de l'autorisation ; n'étant sujets qu'à la réglementation de restriction libérale, par loi expresse : par loi libérale, qui ne peut restreindre que dans l'intérêt de la non-restriction en masse ;

(1) C'est le vice capital de l'Etat université.

D. ns le cas historique :

L'association et l'enseignement étant, présentement, déclarés libres par la loi elle-même : par la constitution républicaine de 1848, dont la présente est la continuation; et, l'enseignement ne se trouvant réglementé que par la loi de 1850, qui laisse la faculté d'enseigner aux congrégations, aux mêmes conditions qu'aux citoyens isolés, faculté qui avait été encore étendue en 1875 à l'enseignement supérieur ;

L'article 7 ayant reconnu cette situation juridique officiellement, et

La *légalité existante* ayant été formellement maintenue par le rejet dudit article 7 ;

De plus, les reproches d'hostilité contre l'esprit national et de théocratie tombant à faux, ne valant en tout cas, que contre les égarés du catholicisme, et retombant d'ailleurs, en dernière analyse, sur les auteurs de ces reproches, coupables, eux, plus que personne, du crime suprême de lèse-droit, de lèse-droit populaire, coupables aussi de l'égarement de leurs adversaires ;

Et : *la résistance étant* (dans toute les sphères), *en certains cas et dans la juste mesure*, le *plus saint et le plus sacré des devoirs :*

La conclusion pratique s'impose d'elle-même et invinciblement :

« Populations souveraines, — légitimistes, orléanistes, « impérialistes honnêtes,.. renoncez enfin formellement et os« tensiblement à vos errements séparatistes, aussi sots que cri« minels. Levez-vous en masse, et, élevant la voix en face de « nos républicains autocrates, pour la gouverne de tous les « Jules, et de tous les Césars, partisans et candidats de l'An« cien Régime et du Vieux Régime, — déclarez catégorique« ment, au sujet de la question de l'association et de l'enseignement, au Pouvoir exécutif :

« Arrêtez ; un pas de plus, et, à défaut du Sénat, nous-mê« mes population souveraine en masse, nous vous décrétons « d'accusation.

« Déjà, vous ne représentez plus la France, car vous avez

« enfreint grossièrement le Droitsocial. Fussiez-vous fraîche-
« ment sortis de l'urne électorale, votre position est devenue
« caduque ; car vous avez lésé le Droit sur lequel se base la
« légitimité d'existence de la société elle-même, et qu'aucun
« Pouvoir ne peut enfreindre, sans s'invalider soi-même,
« pour autant.

« Un pas de plus, — et vous tomberiez vous-mêmes hors
« la loi ».

La France saura-t-elle prendre cette attitude ?

Si oui : tout est sauvé. C'est le premier pas du salut total, définitif.

Si non : elle marche à des catastrophes terribles, dont les spéculateurs, et les conservateurs, et les radicaux, tous ensemble, ne tireront d'autre profit que la ruine commune.

Voilà les cas de conscience,

Que nous avons eu plus à opposer qu'à proposer à l'opinion publique.

Nous avons eu à heurter de front adversaires de droite et adversaires de gauche, tant clercs que laïques. Mais, ç'a a été pour nous-même un *cas de conscience* très-pressant.

Nous avons rempli un devoir, conformément au *dictamen* de la conscience le plus clair et le plus impérieux. Quelque inclination que nous sentions d'en demander humblement pardon, nous n'oserions cela.

Nous avons, d'ailleurs, agi sous l'impulsion de l'amour, vis-à-vis de tous, adversaires de gauche comme adversaires de droite ; et, le docteur l'a dit expressément : « *Ama et fac quod vis* « si tu aimes, tout t'est permis ».

Il est des cas, où les ménagements seraient déplacés, oui criminels : quand le bâtiment est en feu, il ne faut pas craindre d'inonder des jets d'eau les plus vigoureux, de mouiller même jusqu'aux os les êtres chéris, auxquels l'édifice devrait servir d'abri, et qu'il menace d'écraser de ses ruines.

Mais, — ne faudrait-il pas attendre, pour proclamer les principes et les appliquer, que tout le monde soit catholique et conservateur ?

Non, non :

A quoi bon, du reste, si conservateurs et catholiques restaient ce qu'ils sont ? Et, d'ailleurs, la question n'est-ce pas précisément de sortir d'une situation qui empêche l'humanité de devenir catholique ?

Ce qu'il faut, dès maintenant, c'est de faire des catholiques d'intention et des conservateurs d'intention déjà existants, des catholiques réels, des conservateurs effectifs.

Ce qu'il faut : c'est que catholiques et conservateurs, au lieu de bayer aux corneilles et d'attendre on ne sait quel miracle de la Providence, dont, par le fait même de leur attitude, ils se trouvent complètement indignes, sachent manier d'un bras vigoureux et d'un cœur viril l'arme sociale du mandat impératif, que la conscience leur presse dans la main, et, qu'ils fassent eux-mêmes ce miracle du salut. C'est alors, c'est dans cette œuvre, que la Providence sera avec eux : « Aide-toi et le Ciel t'aidera. »

. . . .

Conservateurs aveugles, catholiques égarés,

Au nom de tous les intérêts, divins et humains, éternels et temporels : sachez donc, une bonne fois, prêter une oreille docile à la voix de la conscience, à la voix de la religion et du Droit ;—unissez-vous sur le terrain de la République *libérale.*

Malheur, trois fois malheur, si les élections surviennent avant que vous soyez unis !

Vous êtes comme les doigts séparés de la main ouverte, impuissants à frapper :

Fermez ; formez le poing, et dès à présent vous êtes les maîtres, pour le salut de tous.

PARIS. — IMP. VICTOR GOUPY ET JOURDAN, RUE DE RENNES, 71.

www.ingramcontent.com/pod-product-compliance
Ingram Content Group UK Ltd.
Pitfield, Milton Keynes, MK11 3LW, UK
UKHW021210230726
13926UKWH00001B/427

9 782014 447019